声に出して活かしたい論語70

栄光出版社

プロローグ

孔子は、今から二千五百五十年ほど前に中国に生まれ、釈迦、キリスト、ソクラテスと並んで、世界四大聖人とよばれる偉大な人物である。

その教えを、没後に弟子たちが中心となってまとめたのが「論語」である。

「論語」は、五一二章よりなるが、そこに説く深奥な仁徳は、いずれも人の世に福寿をもたらし、簡潔にして名調子、心に響き、声に出して唱するに適している。

本書はその中から、一度は耳にしたことのあるもの、とくに唱和に適したもの七十章を選んでまとめたものである。

さあ、声に出して「千古の名言」を謡ってみよう。

三戸岡道夫

（原文は90～91頁）

子曰《しのたまわ》く、
吾《わ》れ十有五《じゅうゆうご》にして学《がく》に志《こころざ》す。
三十《さんじゅう》にして立《た》つ。
四十《しじゅう》にして惑《まど》わず。
五十《ごじゅう》にして天命《てんめい》を知《し》る。
六十《ろくじゅう》にして耳《みみ》順《したが》う。
七十《しちじゅう》にして心《こころ》の欲《ほっ》する所《ところ》に従《したが》いて、
矩《のり》を踰《こ》えず。

（巻一第二為政篇4）

これは、孔子が晩年に自分の生涯をふり返って言った有名な言葉であり、聖人としての精進の一生だったことを物語るものである。

孔子が言われた。

わたしは十五歳のとき、学問によって身を立てようと決意した。

三十歳で自立の基礎を固めることができた。

四十歳になって、あれこれ迷わずに、自分の進む方向に確信が持てるようになった。

五十歳では、仁（道徳）による政治を実現しなければならぬという、天命を自覚した。

六十歳になって、人の意見にすなおに耳を傾けられるようになった。

そして七十歳になると、自分の思うままに行動しても、道に外《はず》れるようなことはなかった。

後世、「不惑」とか「知命」などの、出典となった言葉である。若者へは人生の指針を、壮年者へは勇気と激励を、老年者へは安寧《あんねい》と感謝を説き、とくに最後の「七十にして心の欲する所に従いて矩を踰えず」の心境は、道徳の極致とされる言葉である。

子曰《しのたまわ》く、学《まな》びて時《とき》にこれを習《なら》う、亦《ま》た説《よろこ》ばしからずや。朋《とも》あり、遠方《えんぽう》より来《き》たる、亦《ま》た楽《たの》しからずや。人知《ひとし》らずして慍《うら》みず、亦《ま》た君子《くんし》ならずや。

（巻一第一学而篇1）

孔子が言われた。学問を学んで、時おり復習するのは、なんとも心うれしいことである。親しい友達がいて、わざわざ遠くから訪ねて来てくれるのは、なんとも楽しいことである。自分がしっかりしていれば、他人が理解してくれなくても、わたしは一向に気にしない。これが君子というものではないだろうか。

論語の冒頭を飾る不朽の名句であり、学問と朋友《ほうゆう》が、かけがえのない大切なものであることを高らかに謡っているのである。

子《し》曰《のたまわ》く、巧言《こうげん》令色《れいしょく》、鮮《すく》なし仁《じん》。

（巻一第一学而篇3）

孔子が言われた。口がうまくて、にこにこ笑ってお世辞がうまい人は、いい人のように見えるが、それは表面だけで、実際は仁徳がほとんどない人が多いものである。

仁とは一口に言えば、人に対する思いやり、やさしさのことである。人は誰でも成長するにつれて、孔子のこの言葉が本当だと悟るようになる。もちろん、話し上手で笑顔を絶やさぬ仁徳の厚い人もたしかに居るが、そのような人はあまり多くないのが現実であるから、注意しなくてはならない。

子曰《しのたまわ》く、故《ふる》きを温《たず》ねて新《あたら》しきを知《し》る、以《もっ》て師《し》と為《な》るべし。

（巻一第二為政篇11）

孔子が言われた。人の師となるのには、古いことをよく調べた上で、さらに新しい知識や見解も得ていなくてはならない。

古来、人の師となるのは難しく、人格もさることながら、経験や知識が十分に身についていないと、生徒を指導できない。昔からの伝統には優れたものが多いが、新しい時代の変化も吸収していく、変化に対する対応も身につけていかなくては、よき師とはいえないであろう。

子曰《しのたまわ》く、過《す》ぎたるは猶《な》お及《およ》ばざるが如《ごと》し。

（一部省略）

（巻六第十一先進篇16）

孔子が言われた。物事はなんでもやり過ぎたものは、表面上は盛大に見えるけれども、とくに評価するほどのものではない。「目標に到達しない」のと同じようなものである。

よく遣《や》り手だと言われて鼻高々の人がいるが、遣りすぎると必ずその陰に、無理があったり、人を傷つけたり、隙《すき》が出来て、破綻の原因となる。やり足りない（到達不足）のも困ったものだが、やり過ぎるのも、それと評価は同じ程度である。何事も中庸《ちゅうよう》、バランスのとれているのがいいのである。

子曰《しのたまわ》く、学《まな》びて思《おも》わざれば則《すなわ》ち罔《くら》し。思《おも》うて学《まな》ばざれば則《すなわ》ち殆《あや》うし。

（巻一第二為政篇15）

孔子が言われた。学問を学んでも、自分で考えることをしなければ、真理に近づくことはできない。その反対に考えても学ばなければ、独善に陥ってしまって危険である。

知識は必要であるが、本当に必要なのは知恵である。知識を知恵に高めるためには、考えることである。しかし考えても、考えるばかりで学問をしなければ、独善に陥って危険である。学んで知識を得ると同時に、思索する、そのフィードバックが真理に近づく本当の道である。

子曰《しのたまわ》く、朝《あした》に道《みち》を聞《き》かば、夕《ゆうべ》に死《し》すとも可《か》なり。

（巻二第四里仁篇8）

孔子が言われた。朝に聖道を聞くことができたならば、満足で、その晩にはもう死んでも本望である。

この道の解釈には「道が行なわれているのを知ったら」（梁《りょう》の皇侃《おうがん》説）、「天理が聞けたら」（朱子説）、「堯《ぎょう》や舜《しゅん》などの昔の聖賢の肉声が聞けたら」（合山究《こうやまきわむ》説）と諸説ある。

が、その道とは、聞いたらすぐ死んでも悔いはないほど尊いものであり、故に実現が難しいものだと、孔子自らが聖道追究の決意を語ったものである。

子曰《しのたまわ》く、義《ぎ》を見《み》て為《せ》ざるは、勇《ゆう》なきなり。

（一部省略）

（巻一第二為政篇24）

孔子が言われた。人間としてやるべきことが眼の前にありながら、やらないのは、臆病者である。

義とは正義、人としての道、務め、社会的責任、勇気などを意味する。この孔子の思想は後に孟子によって、「井戸に落ちそうな子供を見て助けない人はまず居ない」との、性善説となって花開いた。日本では鎌倉時代以降に、武士道の精神として結晶した。自己の保全、責任逃ればかりを考えている現代人に、もっとも必要な徳目ではあるまいか。

子曰《しのたまわ》く、利《り》に放《よ》りて行《おこ》なえば、怨《うら》み多《おお》し。

（巻二第四里仁篇12）

孔子が言われた。利益を得ることばかりを考えて行動していると、人の怨《うら》みを受けることが多い。

以前の、ライブドアや村上ファンドに象徴される利益至上主義者の転落は、私たちに改めて、この平凡ではあるが永遠の真理を教えてくれた。人間生活を豊かにする経済は必要であるが、目的と手段を誤ると、時に犯罪になってしまう。孔子と同じ「道徳と経済」の一致を実践したのが、江戸時代の二宮金次郎であった。

子《し》曰《のたまわ》く、賢《けん》なるかな回《かい》や。一箪《いったん》の食、一瓢《いっぴょう》の飲《いん》、陋巷《ろうこう》に在《あ》り。人《ひと》は其《そ》の憂《うれ》いに堪《た》えざるに、回《かい》や其《そ》の楽《たの》しみを改《あらた》めず。賢《けん》なるかな回《かい》や。

（巻三第六雍也篇11）

孔子が言われた。本当に顔回《がんかい》（孔子の第一の弟子）は偉いねえ。竹わりご一杯のご飯と、ひさご一つの水だけで、せまい路地で貧乏ぐらしをしている。他の人ならば、そのつらさに堪えられないであろうに、顔回はちっともつらいとは思わず、むしろその生活を楽しんでいる。実に顔回は偉いものだ。

　孔子の門弟の中でも、顔回は仁徳がもっとも厚く、財産や地位や名誉に恬淡《てんたん》としていて、孔子が自分の後継者と期待していた人間であった。

子《し》曰《のたま》く、徳《とく》は孤《こ》ならず。必《かなら》ず鄰《となり》あり。

（巻二第四里仁篇25）

孔子は言われた。道徳を守る者は、世の中から孤立しているようにみえるが、決して孤立してはいない。必ずよき隣人、よき理解者、よき協力者が、周囲にいるのである。人間の善意を信じた力強い励ましの言葉である。

バブルの頃は「皆で渡ればこわくない」と、不道徳な経済拡大論者が群をなしたが、人間はそれほど馬鹿ではない。理性がある。道徳を守る者の周囲にも、必ず同じ道徳者、協力者がいるものであるから、孤独に思う必要はない。

有子《ゆうし》曰《いわ》く、和《わ》を用《もっ》て貴《とうと》しと為《な》す。

（一部省略）
（巻一第一学而篇12）

有子《ゆうし》（孔子の弟子）が言った。礼の基本は「和」がもっとも貴いのである。この言葉は孔子のものではなく、弟子の有子の言葉であるが、わが国でも聖徳太子が十七条憲法を制定したとき、その第一条に「和を以《も》って貴しとなす」と引用しており、日本の政治理念のトップにあげている。倭《やまと》は和に通ずる。古来の日本は「和らぎ睦み合う」君子の国をめざしたのであり、二十一世紀の地球上の国々も、この「和」の理念に向かって進んでほしいものである。

子曰《しのたまわ》く、過《あやま》てば、則《すなわ》ち改《あらた》むるに憚《はばか》ること勿《な》かれ。

（一部省略）

（巻一第一学而篇8）

孔子が言われた。人間は過ちに気がついたら、ただちに改めることが必要である。

人は誰にも過ちはある。いや、過ちをしない人の方が少ないであろう。しかし問題は、過ちと気がついていても、これをすぐ改める人か、改めない人かによって、人間の価値が決まってくる。

大きな過ちを防ぐためにも、小さな過ちのうちに正すのが、何よりである。なお同じようなことを別の角度から言った言葉に「過《あやま》ちて改《あらた》めざる、是《こ》れを過《あやま》ちと謂《い》う」（巻八第十五衛霊公篇30）がある。

子曰《しのたまわ》く、徳《とく》ある者《もの》は必《かなら》ず言《げん》あり。言《げん》ある者《もの》は必《かなら》ずしも徳《とく》あらず。仁者《じんしゃ》は必《かなら》ず勇《ゆう》あり。勇者《ゆうしゃ》は必《かなら》ずしも仁《じん》あらず。

（巻七第十四憲問篇5）

孔子が言われた。徳のある人には、必ずその徳に裏打ちされた言葉がある。しかし、いい言葉を話す人に、すべて徳があるとは限らない。それと同じように、仁がある人には必ず勇気があるが、勇気がある人に必ず仁の心があるとは限らない。

「言葉は人なり」というが、立派な人は言行一致である。仁徳を実行するにも勇気がなくてはならない。したがって、本当に仁徳のある人は、仁勇一致なのである。

子曰《しのたまわ》く、君子《くんし》は泰《ゆたか》にして驕《おご》らず。小人《しょうじん》は驕《おご》りて泰《ゆたか》ならず。

（巻七第十三子路篇26）

孔子が言われた。君子はゆったりとして、しかも驕《おご》り高ぶらない。小人は威張っていて、しかも落ち着きがない。

君子の条件には幾つもあるであろうが、この「ゆったりしている」ことも不可欠の条件である。才気煥発《さいきかんぱつ》が許されるのは若いうちで、君子とよばれる大人物は、みなおだやかで寛大で、やたらに威張らない。その反対が小人であり、人間はときどきこの尺度で自己反省してみなくてはならない。

子曰《しのたま》わく、士《し》、道《みち》に志《こころざ》して、悪衣悪食《あくいあくしょく》を恥《は》ずる者《もの》は、未《いま》だ与《とも》に議《はか》るに足《た》らず。

（巻二第四里仁篇9）

孔子が言われた。道を志す士（君子になろうとする志の高い人）が粗衣粗食を恥じるようでは、ともに語るに足りない人間である。そのような者は、道を志す資格がない。

すなわち、衣食はよい衣食であれ、悪い衣食であれ、道をきわめるには関係がないということである。たといよい衣食をしていても、それで道を志しているとはいえず、悪い衣食だからといって、道を志していないことにはならない。道を志すのは、外見ではなく、心の内側の問題だということである。

子曰《しのたま》わく、君子《くんし》は義《ぎ》に喩《さと》り、小人《しょうじん》は利《り》に喩《さと》る。

（巻二第四里仁篇16）

孔子が言われた。君子は正義に理解が深いが、小人は利益追求のみに一所懸命になる。これは困ったことで、正義と利益（道徳と経済）は一致して働かなければならないのである。

最近は行きすぎた市場経済主義から、中学校や高等学校で証券の授業をすると聞くが、そのようなことは社会に出てからで十分であって、中学校や高等学校で学ばなくてはならないのは、経済の道徳性、すなわち「経済と道徳の一致」という、原理ではあるまいか。

子《し》曰《のたまわ》く、吾《わ》が道《みち》は一《いっ》を以《もっ》てこれを貫《つらぬ》く。忠恕《ちゅうじょ》のみ。

（一部省略）

（巻二第四里仁篇15）

孔子が言われた。わたしの道は一本に貫かれている。それは「まごころ」と「思いやり」である。

「忠」とは、まごころ、誠意をつくすこと、「恕」とは、おもいやり、人の身になって考えること、広い心で許すことをいう。

論語は孔子の実践哲学を記したものであるから、観念的な教訓はあまりなく、人間としての心の持ち方や、行動指針を、簡潔に静かに、自信に満ちて、語りかけているのである。

子《し》曰《のたまわ》く、其《そ》の身《み》正《ただ》しければ、令《れい》せざれども行《おこ》なわる。其《そ》の身《み》正《ただ》しからざれば令《れい》すと雖《いえど》も従《したが》わず。

（巻七第十三子路篇6）

孔子が言われた。わが身が正しければ、命令しなくても物事は行なわれるが、わが身が正しくなければ、命令しても誰も従ってはくれないのである。

これ以上説明するまでもない当然のことで、政治にも経済にも、道徳の必要なことを説いたものである。政治や経済に徳がなければ、いくら法の網をひろげたり、技術的なマネージメントばかりを開発しても、その目的は達せられないということである。

子《し》曰《のたまわ》く、古《いにし》えの学者《がくしゃ》は己《おのれ》の為《ため》にし、今《いま》の学者《がくしゃ》は人《ひと》の為《ため》にす。

（巻七第十四憲問篇25）

孔子が言われた。昔の学問をする者は、自分の修業のために学問に励んだ。しかし、今どきの学ぶ者は、人に学問を誇示するために学問をしており、修業になっていない。

そもそも「学問は何のためにするのか」という基本問題である。学問はいい会社に就職するためのものではなくて、就職できるのはその結果論にすぎない。就職のためにしか学問をしなかったので、会社を破綻させてしまった最近の人々の例を見れば、それは明らかであろう。

子《し》曰《のたまわ》く、貧《まず》しくして怨《うら》むこと無《な》きは難《かた》く、富《と》みて驕《おご》ること無《な》きは易《やす》し。

（巻七第十四憲問篇11）

孔子が言われた。貧乏なのに「世の中に恨みを持たない」ことは、難しいことである。それに較べれば、金持ちなのに威張らないことの方が、やさしいといえようか。

貧しいのは世の中が悪いからだと、つい怨むのが人情である。若い頃貧乏だった孔子の、人情の機微《きび》に通じた言葉である。世を怨むなといっても、それは無理である。しかし、世を怨んでも何も解決はしない、自分が努力するしかない、そう孔子は言葉の裏で教えているのである。

子《し》、川《かわ》の上《ほとり》に在《あ》りて曰《のたまわ》く、逝《ゆ》く者《もの》は斯《か》くの如《ごと》きか。昼夜《ちゅうや》を舎《お》かず。

（巻五第九子罕篇17）

孔子が川のほとりで言われた。過ぎゆくものは、この川の流れのようなものである。昼も夜も休むことは一刻《とき》もない。

人の世は悠久の昔から、未来へ向かってたえず流れつづけている。私はこれまで一所懸命に生きてきたが、そんな昔の思い出にふけっている暇はない。胸の中の理想を実現するためには、時の流れに乗ってもっともっと精進しなくてはならない。「休んでなどいられない」という孔子の心境が、川の流れを見て口をついて出た言葉である。

子曰《しのたまわ》く、君子《くんし》は矜《きょう》にして争《あらそ》わず、群《むれ》て党《とう》せず。

（巻八第十五衛霊公篇22）

孔子が言われた。君子は謹厳であるが、人と争わない。また大勢の人といっしょに居ても、党派を組むようなことはしないものである。人というものはすぐ党派を作りたがる。縁のある人、世話になった人、ものをくれる人、親しい人などと、群れたがる。そのこと自体は、とくに批難されるべきではないが、党派を組むと、とかく正義が失われがちになる。それで君子は、党派を作らないのである。

子曰《しのたま》わく、速《すみや》かならんと欲《ほっ》すること毋《な》かれ。小《しょう》利《り》を見《み》ること毋《な》かれ。速《すみや》かならんと欲《ほっ》すれば則《すなわ》ち達《たっ》せず。小利《しょうり》を見《み》れば則《すなわ》ち大事《だいじ》成《な》らず。

（巻七第十三子路篇17）

孔子が言われた。事をなさんとするとき、はやく成果をあげたいと思ってはならない。また小さな利益に気をとられないようにせよ。はやく成果をあげようとあせると、かえって成功しないし、目先の利益に気をとられると、大きな仕事はなしとげられない。

政治でも経済でも、トップに立つ者は、つねに大きく、深く、全体を遠くから眺めていなくてはならないと、経営理念の必要性を説いたものである。

子曰《しのたまわ》く、未《いま》だ生《せい》を知《し》らず、焉《いずく》んぞ死《し》を知《し》らん。

（一部省略）

（巻六第十一先進篇12）

あるとき弟子の子路《しろ》から「死」についての質問があった。すると孔子は「生についてもわかっていないのに、どうして死のことなどがわかろうか」と答えられた。

生きるということは、ただ飯を食って生活しているだけでは、生きているとはいえない。何のために生きているのかを考え、それを実行することが大切なのだ。死のことなどを考える暇があったら、今いかに生きるのかを考えよと、弟子にさとしたのである。

子曰《しのたまわ》く、君子《くんし》は上達《じょうたつ》す。小人《しょうじん》は下達《かたつ》す。

（巻七第十四憲問篇24）

孔子が言われた。君子というものは高尚なことに詳しいが、小人は下賤《げせん》なことに詳しいものである。

しかし孔子は下賤にくわしいのを駄目だと言っているのではない。小人でも一所懸命努力すれば、高尚なことにもくわしくなれる、そして、そのように努力する必要があるのだと、さとしているのである。孔子はいわば下賤の出で、そこから学問をきわめて世に出たという自分の体験からの所感である。

子曰《しのたまわ》く、君子《くんし》の道《みち》なる者三《もののみっ》つ。我《わ》れ能《よ》くすること無《な》し。仁者《じんしゃ》は憂《うれ》えず。知者《ちしゃ》は惑《まど》わず、勇者《ゆうしゃ》は懼《おそ》れず。

（一部省略）

（巻七第十四憲問篇30）

孔子が言われた。君子の道には三つある。仁がある人は心配しない、智のある人は迷わない、勇気のある人は懼《おそ》れない。わたしにはどれも十分に実行できないことばかりである。

門弟たちへはいつも「君子の道はこうあるべきものだ」とさとしているのだが、それは師の孔子でさえも十分には出来ないものなのだ。

君子への道はそれほど難しいものなのだということを、弟子にさとすと同時に、自分への戒めともしているのであった。

子曰《しのたまわ》く、民《たみ》はこれに由《よ》らしむべし。これを知《し》らしむべからず。

（巻四第八泰伯篇10）

孔子が言われた。よい政治とは、人民が自然についてくるような政治をいうのである。細かいところまでいちいち説明しなければわからない政治は、よい政治ではない。

仁の政治が行なわれていれば、細かいところまで説明しなくても、人民は安心して生活できる。何の説明を受けなくても、赤ん坊が母親の胸で、安心しきって、すやすや眠っている、そんな姿が理想の政治である。政治は説明ではなく、実行である。

子曰《しのたまわ》く、君子《くんし》徳《とく》を懐《おも》えば、小人《しょうじん》は土《ど》を懐《おも》う。君子《くんし》刑《けい》を懐《おも》えば、小人《しょうじん》は恵《けい》を懐《おも》う。

（巻二第四里仁篇11）

孔子が言われた。主君が徳のある政治をやろうと思えば、国民は国を大切にしようと思い、逆に主君が厳しい法律だけの政治をやろうと思えば、国民は恐れて、ただお上《かみ》のおめこぼしにあずかることばかりを考える。そのため、ただ刑にふれないような事しかせず、国を大切にし、いい国にしようなどとは考えなくなる。

政治に必要なのは刑ではなくて、仁徳の政治である。現代の日本の政治をずばりと指摘されているような気がする。

子曰《しのたまわ》く、其《そ》れ恕《じょ》か。己《おのれ》の欲《ほっ》せざる所《ところ》、人《ひと》に施《ほどこ》すこと勿《な》かれ。

（一部省略）

（巻八第十五衛霊公篇24）

孔子が言われた。人間の一番大切なことは恕《じょ》（思いやり）である。自分が望まないことは、人にたいしてやってはならない。

これは高弟の一人の子貢《しこう》の問いに対する孔子の答えであって、巻六第十二顔淵篇2の文中にも「己《おのれ》の欲せざる所を人《ひと》に施《ほどこ》すこと勿《な》かれ」とある。

これはいかに孔子が「人への思いやり」を重視していたかがわかる。思いやりは、孔子の哲学の根元「仁」の中心にあるものである。

子曰《しのたまわ》く、黙《もく》してこれを識《しる》し、学《まな》びて厭《いと》わず、人《ひと》を誨《おし》えて倦《う》まず。何《なに》か我《わ》れに有《あ》らんや。

（巻四第七述而篇2）

孔子が言われた。黙々と知識を蓄《たくわ》え、飽《あ》きることなく学び、そして人をたえず熱心に教えていく、そのようなことは私には何でもないことである。学問をして門弟たちにくり返し教えていく、これは立派なことであり、少しも面倒くさいとは思わない。本当に大切なことは、学問の本質を究《きわ》め、世のために尽くすことである。だが実はこれが難しいことであって、私はそのために日夜精進しているのである。

子《し》曰《のたまわ》く、老者《ろうしゃ》はこれを安《やす》んじ、朋友《ほうゆう》はこれを信《しん》じ、少者《しょうしゃ》はこれを懐《なつ》けん。

（一部省略）

（巻三第五公冶長篇26）

孔子が言われた。人間というものは、老人からは安心されるように、友人からは信頼されるように、若者からは親しまれ慕われるようになりたいものである。

これは孔子が弟子たちと雑談しているときに、「先生のご抱負は」と聞かれて、孔子が答えた言葉である。聖人君子の格言めいた言葉ではないが、実に味のある、すべての人間が心がけたい、さりげない名言である。

子曰《しのたまわ》く、位《くらい》なきことを患《うれ》えず、立《た》つ所以《ゆえん》を患《うれ》う。己《おのれ》を知《し》ること莫《な》きを患《うれ》えず、知《し》らるべきことを為《な》すを求《もと》む。

（巻二第四里仁篇14）

孔子が言われた。地位のないことなどは気にしないで、その地位を得る手段方法を考えることである。また自分を認めてくれる人がいないことを心配するよりも、認められるだけの事をなすように、努力すべきである。

「人事を尽くして天命をまつ」というが、まさに孔子のこの教えのことである。結果を気にせず、努力するのが君子である。しかし小人は、努力もせずに、うまくいかなければすぐ責任を他に転嫁し、自分の不運をなげくだけである。

子曰《しのたまわ》く、仁《じん》に当《あ》たりては、師《し》にも譲《ゆず》らず。

（巻八第十五衛霊公篇36）

孔子が言われた。仁徳を行なうに当たって、もし師と考えが違ったなら、師といえども妥協すべきではない。

師とは尊いものであり、師に対しては恭順でなくてはならない。しかし、何でも恭順であればいいのではなくて、師といえども従えない場合がある。それは「仁」である。仁徳を行なうときに、もし師とくい違いが起こったときは、自分の考えで実行すればよい。仁とはそれほど崇高な、犯すべからざるものなのである。

子曰《しのたまわ》く、吾《わ》れ嘗《かつ》て終日《しゅうじつ》食らわず。終夜《しゅうや》寝《い》ねず、以《もっ》て思《おも》う。益《えき》なし。学《まな》ぶに如《し》かざるなり。

（巻八第十五衛霊公篇31）

孔子が言われた。私は以前、一人で一日じゅう食事もせず、一晩じゅう寝もしないで、思索にふけったことがあったが、まったく無駄であった。一人で考えこむばかりでは駄目で、他からも学ばなくては進歩がない。

学習と思索との相乗効果をいったものである。学問をするのにも、思索だけしているのでなく、師や書物からも学びながら思索しないと、独断に陥り、一人よがりの学問になってしまうと、警告したのである。

子曰《しのたまわ》く、君子《くんし》の天下《てんか》に於《お》けるや、敵《てき》も無《な》く、慕《ばく》も無《な》し。義《ぎ》にこれ与《とも》に比《した》しむ。

（巻二第四里仁篇10）

孔子が言われた。君子の世の中での在り方は、敵を作らず、おかしな者と慣れ親しむこともなく、ただ正義に親しんでいくのみである。

君子たる者の世の中での生き方を説いたもので、ただ意見が違うからといって特定の者を敵にまわしたり、徒党を組んで特定の者と慣れ親しんだりするようなことはしない。ただ、ただ、世の中の正義にしたがって、行動するだけである。

子曰《しのたまわ》く、古《いにしえ》は、言《げん》をこれ出《い》ださざるは、躬《み》の逮《およ》ばざるを恥《は》ずればなり。

（巻二第四里仁篇22）

孔子が言われた。昔、人々が言葉を軽々しく口に出さなかったのは、実践がそれに及ばないことを恥じたからであった。

孔子は論語の中で何回もくり返して、実践の大切さを説いている。弟子の中でも子路《しろ》をとくに愛したのは、その実行力の故であった。

孔子が没して二千余年、日本では江戸末期に二宮金次郎が出て、孔子の再来かと尊ばれたが、二宮金次郎も、実践躬行《きゅうこう》、不言実行の、仁の実践者であったからである。

子《し》曰《のたまわ》く、苟《いやし》くも其《そ》の身《み》を正《ただ》しくせば、政《せい》に従《したが》うに於《おい》て何《なに》か有《あ》らん。其《そ》の身《み》を正《ただ》しくすること能《あた》わざれば、人《ひと》を正《ただ》しくすること如何《いかん》せん。

（巻七第十三子路篇13）

孔子が言われた。もし自分の行動が正しければ、政治を行なうぐらいは何も難しいことではない。自分の行動が正しくなくて、どうして人を正しく導くことなど出来ようか。

政治家たる者は、天に誓って公明正大で何のやましい所もなければ、政治を行なう上で困難なことなど何もないではないか。しかし、この単純明解なことが実現できないのが、実際の世の中である。仁の政治の実現を目ざす孔子なればこその、言葉である。

子曰《しのたまわ》く、君子《くんし》は諸《こ》れを己《おのれ》に求《もと》む。小人《しょうじん》は諸《こ》れを人《ひと》に求《もと》む。

（巻八第十五衛霊公篇21）

孔子が言われた。物事をなすのに、君子はまず自分の力でやろうとするが、小人は他人に頼ろうとする。

企業でも社員を見ていると二種類ある。困難な仕事にも敢然と立ち向かって、なお意気さかんな人もいれば、出来るだけ責任を回避して他人に頼ろうとする人もいる。最近は後者のタイプが多いような気がするが、老いも若きも「青年よ大志を抱け」と、積極的で、挑戦的であってほしいものである。

子曰《しのたまわ》く、民《たみ》は信《しん》なくんば立《た》たず。

（一部省略）

（巻六第十二顔淵篇７）

孔子が言われた。政治を行なう者と人民との間の信頼が失われれば、国家は立ちゆかない。

弟子の子貢《しこう》が政治について尋ねたのにたいする、孔子の答えである。政治に一番必要なのは、軍事力でも経済力でもない、人民と為政者との信頼関係であるとは、まことに含蓄《がんちく》の深い言葉である。古来国家が滅亡したのは、戦争や貧窮によるものではなく、人民と為政者の信頼の喪失がほとんどである。個人と個人の関係についても、同様であろう。

子《し》曰《のたまわ》く、疏《そ》食《しょく》を飯《くら》い水《みず》を飲《の》み、肱《ひじ》を曲《ま》げてこれを枕《まくら》とす。楽《たの》しみ亦《ま》た其《そ》の中《うち》に在《あ》り。不《ふ》義《ぎ》にして富《と》み且《か》つ貴《たっと》きは、我《わ》れに於《おい》て浮《ふ》雲《うん》の如《ごと》し。

（巻四第七述而篇15）

孔子が言われた。粗末な食事をして水を飲み、肱《ひじ》を曲げて枕のかわりにして寝る。楽しみとは、そんな中にあるものである。道に外れた手段で金持ちになり、偉い人になったなどと言われても、そんなものは私にとって、浮雲のようにはかないものである。

この教えから「曲肱《きょっこう》の楽しみ」という言葉が生まれたが、現今の拝金主義の蔓延の世の中を、天界の孔子はどのような思いで見ているであろうか。

子《し》曰《のたまわ》く、仁《じん》遠《とお》からんや。我《わ》れ仁《じん》を欲《ほっ》すれば斯《ここ》に仁《じん》至《いた》る。

（巻四第七述而篇29）

仁とは、人を慈《いつく》しみ、人への思いやりなど、人間の根本の道である。仏教ではこれを慈悲といい、キリスト教では愛と呼んだ。だから仁は尊すぎて、遠大で、とても到着できそうもないと思いがちであるが、本当にそうだろうか。孔子は「仁は自分から求めれば、いつの間にか仁は自分の傍《そば》にあるのだよ」と言われた。

孔子の一生は仁を求め実行することであったが、仁はただ待っていたのではやってこない。自分で求めなくては駄目だと教えたのである。

子《し》曰《のたまわ》く、これを知《し》る者《もの》はこれを好《この》む者《もの》に如《し》かず。これを好《この》む者《もの》はこれを楽《たの》しむ者《もの》に如《し》かず。

（巻三第六雍也篇20）

孔子が言われた。学問を知っているだけでは、学問が好きで学んでいる人には及ばない。また好きで学んでいるだけでは、楽しんで学んでいる人には及ばないのである。

世間にはいわゆる物知りがいる。知らないよりはいいが、それだけでは駄目である。「好きこそ物の上手なれ」というが、好きでなくては本当には究められない。しかしそれでも不十分で、学問することが楽しくて仕方がないという境地になってこそ、本当の学問なのである。

子曰《しのたまわ》く、君子《くんし》は坦《たい》かに蕩蕩《とうとう》たり。小人《しょうじん》は長《とこし》えに戚戚《せきせき》たり。

（巻四第七述而篇36）

孔子が言われた。君子は心が安らかで、のびのびしているが、小人はいつまでもくよくよとしているものだ。

君子はつねに理想を持ち精進しているので心が充実しており、おだやかな気分でいられる。これに対し小人は心の充実感がないので、くよくよし、気分がめいっている。

長生きする人の脳にはたえず刺戟があり、活動しているという。現代の長寿社会への孔子の教えでもあろうか。

子曰《しのたまわ》く、憤《ふん》せずんば啓《けい》せず。悱《ひ》せずんば発《はっ》せず。一隅《いちぐう》を挙《あ》げてこれに示《しめ》し、三隅《さんぐう》を以《もっ》て反《かえ》えらざれば、則《すなわ》ち復《ま》たせざるなり。

（巻四第七述而篇8）

孔子が言われた。生徒に学問を教えるのには、生徒の心の中が奮《ふる》いたつようになっていなくては駄目である。また生徒が自分の意見を言いたくて、口をもぐもぐさせているようでなくては、教える甲斐がない。一を示すと三と反応する（世に一を聞いて十を知る）ようでないと、くり返し教える意味がない。

この生徒のやる気、自発性の教育観は、近代になってルソーの啓発主義として確立したが、その元祖は孔子だったのである。

子曰《しのたまわ》く、過《あやま》ちて改《あらた》めざる、是《こ》れを過《あやま》ちと謂《い》う。

（巻八第十五衛霊公篇30）

孔子が言われた。過ちをしても改めない者がいるが、これこそ本当の過ちというものである。

巻一第一学而篇8に「過《あやま》てば改《あらた》むるに憚《はばか》ること勿《な》かれ」とあるが、これと対句的に説いた言葉である。

人も組織も過ちをすぐ改めなくてはならないのに、それをひた隠して、いつまでも改めない。最近の官公庁や産業界の不祥事故を、孔子は二千五百年の昔から予見していたのであろうか。

子曰《しのたまわ》く、
民《たみ》の仁《じん》に於《お》けるや、水火《すいか》よりも甚《はげ》し。
水火《すいか》は吾《わ》れ踏《ふ》みて死《し》する者《もの》を見《み》る。
未《いま》だ仁《じん》を踏《ふ》みて死《し》する者《もの》を見《み》ざるなり。

（巻八第十五衛霊公篇35）

孔子が言われた。人にとって「仁を実践する」闘いは、「水や火との闘い」よりも、大変なことである。水や火との闘いでは、時には人が死ぬ。しかし仁との闘いで死んだ人を私はまだ見たことがない。

仁の実現に死を賭す者のいないのを嘆いているのであるが、その裏で孔子は「仁の実現に死を賭している」自分の心境を語っているのである。老身に鞭打っての十四年間の諸国遍歴や、帰国してからの弟子の養成の姿には、孔子の死を賭した姿が見える。

子《し》曰《のたまわ》く、之《これ》を知《し》るを之《これ》を知《し》ると為《な》し、知《し》らざるを知《し》らずと為《な》せ。是《こ》れ知《し》るなり。

（一部省略）

（巻一第二為政篇17）

孔子が言われた。知っていることは知っていることとし、知らないことは知らないとする。これが本当の「知る」ということである。

カントの批判哲学を彷彿とさせる名句であり、当り前のことなのに、現実に見逃されていることである。すなわち、知ったかぶりをする、知っているつもりでも間違っている、知らないことに気がついていない……、本当に知っていることと、知らないことを、はっきりさせなさいと警告しているのである。

子曰《しのたまわ》く、君子《くんし》は人《ひと》の美《び》を成《な》し、人《ひと》の悪《あく》を成《な》さず。小人《しょうじん》は是《こ》れに反《はん》す。

（巻六第十二顔淵篇16）

孔子が言われた。君子は他人のいいところを褒めたたえ、長所を伸ばしてやり、他人の欠点を注意し、改めさせる。小人はこの反対のことをするのである。君子と小人とでは、どこが違うのか。論語では抽象的でなく、この章のように具体的に例をあげて説くのである。そして十分に読者を納得させてくれる。私たちは孔子の教えが、二千五百年前と現代とで、いささかも違っていないことに驚かされるのである。

子《し》曰《のたまわ》く、躬《み》自《みず》から厚《あつ》くして、薄《うす》く人《ひと》を責《せ》むれば、則《すなわ》ち怨《うら》みを遠《とお》ざかる。

（巻八第十五衛霊公篇15）

孔子が言われた。責任を追及するときに、自分に対しては強く責め、他人に対しては軽く責めるようにすれば、怨みを買うことはなく、物事はうまくいくものである。

よく責任をすぐ他人になすりつけ、言い訳をして、責任逃れをする人がいる。政、官、財界のトップの言動を見ていると、その人の置かれているポストと、その責任のとり方の一致、不一致によって、その人格のほどがわかるものである。個人と個人の間においても同様である。

子曰《しのたまわ》く、巧言《こうげん》は徳《とく》を乱《みだ》る。小《しょう》に忍《しの》びざれば則《すなわ》ち大謀《たいぼう》を乱《みだ》る。

（巻八第十五衛霊公篇27）

孔子が言われた。言葉ばかりが上手な者は、徳を害する。小さい事をがまんできない者は、大きな計画を達成することができない。

孔子は論語の中で、再三再四、巧言を排撃している。その代りに実践躬行、不言実行を説いている。口はうまいが、約束を守らない人がいるものである。また小さい約束は反古《ほご》にして平気な人がいるが、小さな約束さえ守れないような人は、大きな約束などが守れようはずがないのである。

子曰《しのたまわ》く、其《そ》の位《くらい》に在《あ》らざれば、其《そ》の政《まつりごと》を謀《はか》らず。

（巻四第八泰伯篇14）
（巻七第十四憲問篇27）

孔子が言われた。政治においても組織においても、その地位に居なければ、その政務に余計な口を出すべきではない。

一口で言うと「他人の領域に口を出すな」ということであろう。口を出すと、それに従う者が出てくる。組織の命令系統に従うよりも、「あの人が言ったから」ということになり、組織がおかしくなる。「俺は実力者」と思う者に起こりがちなケースであり、自粛すべきである。

子《し》曰《のたまわ》く、能《よ》く礼譲《れいじょう》を以《もっ》て国《くに》を為《おさ》めんか、何《なに》か有《あ》らん。能《よ》く礼譲《れいじょう》を以《もっ》て国《くに》を為《おさ》めずんば、礼《れい》を如何《いかん》せん。

（巻二第四里仁篇13）

孔子が言われた。礼に則《のっと》って、譲り合う心で国を治めれば、何ら難しいことは起きないだろう。それが出来ないようなら、礼の定めがあっても、何の役にも立たないであろう。

孔子のいう礼とは、礼儀作法というようなせまい範囲のものではなく、もっとひろく、社会生活を規律する基本倫理のことである。

「礼」は「仁」に次いで大切な理念で、論語では、三十六章、六十二回と、「仁」に次いで多く出てくる語である。

子曰《しのたまわ》く、暴虎《ぼうこ》馮河《ひょうが》して死《し》して悔《くい》なき者《もの》とは吾《わ》れ与《とも》にせざるなり。

（巻四第七述而篇10）

孔子が言われた。虎に素手で立ち向かったり、河を徒歩で渡ろうとしたり、いつ死んでも悔いはないなどと暴言を吐くような者とは、私は一緒に行動しようとは思わない。

これは弟子の子路にむかって言った言葉である。子路は武力が強く、純粋で、正義感が強く、猪突猛進するきらいがあったので、それをたしなめたのである。すなわち武力にも、仁徳が必要だと教えたのである。

子曰《しのたまわ》く、三軍《さんぐん》も帥《すい》を奪《うば》うべきなり。匹夫《ひっぷ》も志《こころざし》を奪《うば》うべからざるなり。

（巻五第九子罕篇26）

孔子が言われた。戦争はうまく戦えば、大軍の大将を奪い取ることが出来る。しかしたとえ一兵卒でも、兵卒が志を持っていたならば、その志を奪い取ることはできない。

帥は軍の指揮官、大将のことである。三軍とは周代の軍制で、天子は六軍《りくぐん》、大国は三軍、小国は一軍を持たなければならず、転じて「史記」では大軍の意に用いている。大将の身柄は奪えても、一兵卒でもその心は奪えないと、人間の心の尊さを、戦の場をかりて訓したのである。

子曰《しのたまわ》く、上《かみ》、礼《れい》を好《この》めば、則《すなわ》ち民《たみ》使《つか》い易《やす》し。

（巻七第十四憲問篇43）

孔子が言われた。トップに立つリーダーが礼を好めば、人民も恭順となり、よい政治が出来るようになるのである。

もちろん、この礼とは礼儀作法が正しいというような狭い意味ではなく、人間社会を律する倫理規範のことである。道徳倫理が乏しい者は人間失格であり、人間失格では人の上に立つことはできない。子供は大人《おとな》の背中を見て育ち、人民はリーダーの姿勢を見習うものであり、それによって政治のよし悪しが決まってくるのである。

子曰《しのたまわ》く、君子《くんし》にして不仁《ふじん》なる者《もの》あらんか。未《いま》だ小人《しょうじん》にして仁《じん》なる者《もの》あらざるなり。

（巻七第十四憲問篇7）

孔子が言われた。君子といわれる人の中にも、仁徳に欠けた人も居るであろう。しかし小人の中には、仁を身につけた人はまずいない。それほど仁は、高く尊いものであり、精進に精進を重ねないと到達できないものである。弟子たちに「君たちは君子のつもりでいるかもしれないが、もっと精進しなくては駄目だ」とさとした言葉である。

儒教として体系化された孔子の思想の核心はこの「仁」であり、論語には実に五十八章、百十回も記されている。

席正《せきただ》しからざれば、坐《ざ》せず。

（巻五第十郷党篇9）

孔子は席に坐るとき、座席の位置が礼にかなわず、まちがっていたら坐らなかった。それを正しく直してから坐った。

座席の序列が乱れていてはならない、孔子は正しい席にしか坐らなかったということであるが、この「席」は物理的な席だけをいうのでなく、人の行ない、人の道のことも言っているのである。すなわち世間的にいくら有利なことでも、「正しいことでなくては私はやらない」と、人の道の決意を暗示的に言っているのであった。

子《し》曰《のたまわ》く、後生《こうせい》畏《おそ》るべし。焉《いずく》んぞ来者《らいしゃ》の今《いま》に如《し》かざるを知《し》らんや。四十五十《しじゅうごじゅう》にして聞《き》こゆること無《な》くんば、斯《こ》れ亦《ま》た畏《おそ》るるに足《た》らざるのみ。

（巻五第九子罕篇23）

孔子が言われた。若者は畏《おそ》るべき存在である。たんに後から生まれてきたというだけで、自分より劣っているなどということは出来ない。若者には未来がある。自分を追い越して、どんどん成長していくであろう。

しかし四十歳や五十歳になっても成長しないようであれば、それはたいした人物ではないから、少しも畏れる必要はない。しかし孔子はそう言いながらも、若い弟子たちが自分を追い越していくのをひそかに願っているのであった。

子《し》曰《のたまわ》く、如何《いかん》せん、如何《いかん》せんと、いわざる者《もの》は、吾《わ》れ未《いま》だ如何《いかん》ともするなし。

（巻八第十五衛霊公篇16）

孔子が言われた。「どうすればいいのか、どうすればいいのか」と言わないような者は、私にもどうしようもない人間である。

ただ物事をたくさん知っているだけでは意味がない。知識は実行されなければならない。そのためには「では、どうすればいいのか」と実行に移していく必要がある。要は学問をしても、実行しない者は駄目だという教えである。孔子は学者ではなくて政治家であり、論語が実践哲学であるゆえんが、ここに現れている。

子《し》曰《のたまわ》く、剛《ごう》毅《き》木《ぼく》訥《とつ》、仁《じん》に近《ちか》し。

（巻七第十三子路篇27）

孔子が言われた。性格がまっ正直で、意思がしっかりしており、実直で飾り気がなく、口数が少ない人こそ、道徳の理想である仁徳に近い人なのだ。

孔子は世の中に、言うばかりで何もやらない人を、あまりにも多く見てきているので、ことさら無口なこと、すなわち「不言実行」を重く見ているのである。いちいち、私はあれをやった、これをやったなどと、やかましくＰＲなどする必要はないのである。

子曰《しのたまわ》く、甚《はなは》だしいかな、吾《わ》が衰《おとろ》えたるや。久《ひさ》し、吾《わ》れ復《ま》た夢《ゆめ》に周公《しゅうこう》を見《み》ず。

（巻四第七述而篇5）

孔子が言われた。最近は私も年をとって、ひどく衰えてしまったものである。そのために久しいこと、周公の夢をみることもなくなってしまった。これではいけない。

周公とは魯の国の始祖で、孔子が敬仰している名君であった。そのため若い頃の孔子はよく周公の夢を見た。しかし近頃は周公の夢を見なくなってしまったのは、名君へのあこがれ、仁の政治への情熱が自分の中で衰えてきたからなのか、しっかりせねばならぬと、自らを戒めた言葉である。

厩《うまや》焚《や》けたり。子《し》、朝《ちょう》より退《ひ》きて曰《のたま》わく。人《ひと》を傷《そこな》えりや。馬《うま》を問《と》わず。

（巻五第十郷党篇13）

馬小屋が焼けた。すると役所から帰ってきた孔子が、「馬丁に怪我はなかったか」と聞いたが、馬のことは何も聞かなかった。

孔子のヒューマニズム、人間尊重の精神が現れている一章である。この当時は奴隷《どれい》並みの馬丁より、馬の値段の方が高かったはずである。だから普通ならば心配するのは馬丁よりも馬の方だったはずなのに、孔子は馬よりも馬丁の方を心配したのである。馬丁といえども人間である。孔子の仁はここまで徹底していたといえよう。

子《し》、怪力乱神《かいりきらんしん》を語《かた》らず。

（巻四第七述而篇20）

孔子は怪異なものや、暴力、神がかりなことについては、いっさい口にしなかった。

孔子は天下に仁の政治が実現することを願った理想主義者であったが、それは一歩一歩現実的に、人間の理性と努力によって、実現するものでなくてはならなかった。人は困難になると、とかく神だのみになりがちになるが、決して神に頼ったり、怪しい力にたよってはならない。孔子は理想主義者であったが、現実主義者であり、理性的実践家だったのである。

子《し》、齊《せい》に在《あ》りて韶《しょう》を聞《き》く。三月《さんげつ》、肉《にく》の味《あじ》を知《し》らず。曰《のたまわ》く、図《はか》らざりき、楽《がく》を為《な》すことの斯《ここ》に至《いた》らんとは。

（巻四第七述而篇13）

孔子が齊《せい》の国にいたとき、昔の聖君である舜《しゅん》が作曲したといわれる韶《しょう》の音楽を聞いた。すると三カ月間も大好きな肉の味がわからないほど感動した。齊の国の音楽がここまですばらしくなっていようとは知らなかったのである。

もちろん孔子は自分の国（魯《ろ》）でも音楽は聞いていたが、齊の国の音楽を聞くにつれ、音楽だけでなく、世界にはもっとすぐれた文化がたくさんあるのだ、「井の中の蛙になってはならない」と、自戒し、発憤したのである。

君子《くんし》の徳《とく》は風《かぜ》なり、小人《しょうじん》の徳《とく》は草《くさ》なり。草《くさ》これに風《かぜ》を上《くわ》うれば、必《かなら》ずや偃《ふ》す。

（一部省略）

（巻六第十二顔淵篇19）

君子の徳は風のようなもので、小人の徳は草のようなものである。魯の国の家老の季康子《きこうし》が、政治について孔子にたずねた返答の一部である。君主が仁徳の風を吹かせば、すなわち徳政を行なえば、人民は必ずその徳を慕って、なびくものである。

孔子の理想は仁徳の政治の実現にあった。孔子は自らもそれを実現すると同時に、実力者の家老をも説得して、その推進をはかった。学者であると同時に実践家だったのである。

子《し》は温《おん》にして厲《はげ》し。威《い》にして猛《もう》ならず。恭恭《うやうや》しくして安《やす》し。

（巻四第七述而篇37）

孔子はおだやかであるが厳しく、威厳があるが烈《はげ》しくはない。また恭謙で安らかである。

門弟の一人が孔子について述べた言葉である。しかしこれは孔子の壮年以後の姿で、若い時代の孔子はそうではなかった。貧しくて必死に働かなくてはならず、また世に出るために猛烈に勉強しなければならなかったからである。このようにバランスのとれた理想の人間になったのは、孔子が一生、学問修養に努力したからであった。

吾《わ》れ少《わか》くして賤《いや》し。故《ゆえ》に鄙事《ひじ》に多能《たのう》なり。君子《くんし》、多《た》ならんや、多《た》ならざるなり。

（一部省略）

（巻五第九子罕篇6）

孔子は若い頃は身分が低かった。生きるためには、つまらないことでも何でもやったから、私は何でもやることが出来る。しかし君子といわれる人たちは、つまらないことが何でも出来るだろうか。いや、出来ないだろう。

君子に必要なのは高い教養や学問、仁の精進である。しかし、つまらないことも出来なくては、本当の仁は実現できない。つまらないことも出来るようでなくては、人民の心を摑むことが出来ないからである。

定公《ていこう》問《と》う、君《くん》、臣《しん》を使《つか》い、臣《しん》、君《くん》に事《つか》うること、これを如何《いかん》せん。孔子《こうし》対《こた》えて曰《いわ》く、君《くん》、臣《しん》を使《つか》うに礼《れい》を以《もっ》てし、臣《しん》、君《くん》に事《つか》うるに忠《ちゅう》を以《もっ》てす。

（巻二第三八佾篇19）

魯の国の君主である定公が「主君が臣下を使い、臣下が主君に仕えるには、どのようにしたらよいのか」と孔子に質問した。孔子は「主君が臣下を使うには礼によるべきであり、臣下が主君に仕えるには忠（誠実）によるべきである」と答えた。

礼とは人と交わるときに行なう「人の道」のことである。主君が臣下に礼をもって接すれば、臣下も誠意をもって対応するわけで、現代のビジネス社会の上下関係にも通ずるものである。

子《し》、子夏《しか》に謂《い》いて曰《のたまわ》く、女《なんじ》、君子《くんし》の儒《じゅ》と為《な》れ。小人《しょうじん》の儒《じゅ》と為《な》る無《な》かれ。

（巻三第六雍也篇13）

孔子が、弟子の子夏《しか》にたいして言われた。お前は学問をするのなら、偉大な学者（儒者）になりなさい。決して名声を好む物知りていどの学者になってはならない。

弟子の子夏は文学の才能に恵まれていたので、将来が大きく期待された。しかしまだ若いだけに、名声の高さを誇る、たんなる物知り学者（小人の儒）になる危険があったので、君子を目ざして精進せよと、あえて孔子は忠告したのである。

あとがきに寄せて

漢詩人　鯨《くじら》　游海《ゆうかい》

論語は不思議な魅力にみちた書である。

中国から三世紀に、「千字文」とともに日本へもたらされて以来、日本の士大夫はむさぼるように熟読して学んできた。聖徳太子は十七条の憲法に採り入れ、「和をもって貴しとなす」と第一条に宣言した。

二千五百年前に中国に現れた一介の夫子《ふうし》の言行が、日本でかくも愛誦されつづけ、しかも現代にも生きつづけて迫ってくる。これこそ日本文明の礎《いしずえ》と呼ばずして、何と呼ぼう。

司馬遼太郎は「少年に朗誦させるなら、やっぱり論語だろう」という。数学者の藤原正彦は「子供たちに英語を教えるぐらいなら、論語を学ばせた方がよほど有意義だ」といっている。

湯川秀樹は「祖父から訳もわからず論語を暗誦させられたおかげで、後年『中間子』の発想が閃いた」と書いている。漢学者の宇野精一は、「美智子さまの要望で皇太子殿下に、父哲人と二人で論語を講じた」と述べている。

このような書が、わが日本に存在することは誇りである。この魅力をいつまでも、言い継ぎ、語り継ぎ、謡いつづけていきたいものである。

「論語」原文

（頁数）　（原　文）

4　子曰　吾十有五而志乎学　三十而立　四十而不惑　五十而知天命　六十而耳順　七十而従心所欲不踰矩

6　子曰　学而時習之　不亦説乎　有朋自遠方来　不亦楽乎　人不知而不慍　不亦君子乎

7　子曰　巧言令色　鮮矣仁

8　子曰　温故而知新　可以為師矣

9　子曰　過猶不及也

10　子曰　学而不思則罔　思而不学則殆

11　子曰　朝聞道　夕死可矣

14　子曰　見義不為　無勇也

15　子曰　放於利而行　多怨

16　子曰　賢哉回也　一箪食　一瓢飲　在陋巷　人不堪其憂　回也不改其楽　賢哉回也

17　子曰　徳不孤　必有鄰

18　有子曰　用和為貴

19　子曰　過則勿憚改

20　子曰　有徳者必有言　有言者不必有徳　仁者必有勇　勇者不必有仁

21　子曰　君子泰而不驕　小人驕而不泰

24　子曰　士志於道　而恥悪衣悪食者　未足与議也

25　子曰　君子喩於義　小人喩於利

26　子曰　吾道一以貫之哉　忠恕而已矣

27　子曰　其身正　不令而行　其身不正　雖令不従

28　子曰　古之学者為己　今之学者為人

29　子曰　貧而無怨難　富而無驕易

30　子在川上曰　逝者如斯夫　不舎昼夜

32　子曰　君子矜而不争　群而不党

33　子曰　毋欲速　毋見小利　欲速則不達　見小利則大事不成

34　子曰　未知生　焉知死

35　子曰　君子上達　小人下達

36　子曰　君子道者三　我無能焉　仁者不憂　知者不惑　勇者不懼

37　子曰　民可使由之　不可使知之

38　子曰　君子懐徳　小人懐土　君子懐刑　小人懐恵

39　子曰　其恕乎　己所不欲　勿施於人也

42　子曰　黙而識之　学而不厭　誨人不倦　何有於我哉

43　子曰　老者安之　朋友信之　少者懐之

44　子曰　不患無位　患所以立　不患莫己知　求為可知也

45　子曰　当仁不譲於師

46　子曰　吾嘗終日不食　終夜不寝　以思無益　不如学也

47 子曰　君子之於天下也　無敵也　無慕也　義之与比

48 子曰　古者　言之不出　恥躬之不逮也

49 子曰　苟正其身矣　於従政乎何有　不能正其身　如正人何

52 子曰　君子求諸己　小人求諸人

53 子曰　民無信不立

54 子曰　飯疏食飲水　曲肱而枕之　楽亦在其中矣　不義而富且貴　於我如浮雲

55 子曰　仁遠乎哉　我欲仁　斯仁至矣

56 子曰　知之者不如好之者　好之者不如楽之者

58 子曰　君子担蕩蕩　小人長戚戚

59 子曰　不憤不啓　不悱不発　挙一隅而示之　不以三隅反　則不復也

60 子曰　過而不改　是謂過矣

61 子曰　民之於仁也　甚於水火　水火吾見蹈而死者矣　未見蹈仁而死者也

62 子曰　知之為知之　不知為不知　是知也

63 子曰　君子成人之美　不成人之悪　小人反是

64 子曰　躬自厚而　薄責於人　則遠怨矣

65 子曰　巧言乱徳　小不忍　則乱大謀

68 子曰　不在其位　不謀其政也

69 子曰　能以礼譲為国乎　何有　不能以礼譲為国　如礼何

---

70 子曰　暴虎馮河　死而無悔者　吾不与也

71 子曰　三軍可奪帥也　匹夫不可奪志也

72 子曰　上好礼　則民易使也

73 子曰　君子而不仁者有矣夫　未有小人而仁者也

74 席不正不坐

75 子曰　後生可畏也　焉知来者之不如今也　四十五十而無聞焉　斯亦不足畏也已矣

76 子曰　不曰如之何如之何者　吾末如之何也已矣

77 子曰　剛毅木訥近仁

80 子曰　甚矣　吾衰也　久矣　吾不復夢見周公也

81 厩焚　子退朝曰　傷人乎　不問馬

82 子不語怪力乱神

83 子在齊　聞韶　三月不知肉味　曰不図為楽之至於斯也

84 君子之徳風也　小人之徳草也　草上之風必偃

85 子温而厲　威而不猛　恭而安

86 吾少也賤　故多能鄙事　君子多乎哉　不多也

87 定公問　君使臣　臣事君　如之何　孔子対曰　君使臣以礼　臣事君以忠

88 子謂子夏曰　女為君子儒　無為小人儒

参考文献

論語	金谷 治	岩波書店
孔子	金谷 治	講談社
論語を読む	加地伸行	講談社
論語	貝塚茂樹	講談社
論語の読み方	山本七平	祥伝社
論語	吉川幸次郎	朝日新聞社
論語に親しむ	今泉正顕	PHP研究所
論語物語	下村湖人	講談社
論語解釈の疑問と解明	合山 究	明徳出版社
論語の新研究	宮崎市定	岩波書店
論語の新しい読み方	宮崎市定	岩波書店
指導者論としての論語	色部義明	PHP研究所
潮哢録	鯨 游海	栄光出版社

他

（写真説明）

プロローグ	中国安徽省黄山　清涼台
P12-13	中国広西壮族自治区　桂林
P22-23	中国安徽省黄山　西海の連山
P31	中国安徽省黄山　山頂
P40-41	中国広西壮族自治区　桂林
P50-51	中国安徽省黄山　清涼台
P57	中国安徽省黄山　蓮花峰と玉屏楼
P66-67	中国安徽省黄山　始信峰
P78-79	中国安徽省黄山　光明頂

〈編者略歴〉

本名　大貫満雄（おおぬき　みつお）

日本文藝家協会員。日本ペンクラブ会員。

大日本報徳社顧問。

1928年　浜松市生まれ。

1953年　東京大学法学部卒業。

協和銀行副頭取を経て、作家活動に入る。

著書に「二宮金次郎の一生」「孔子の生涯」「保科正之の一生」「金原明善の一生」「秋風高天神城」「降格を命ず」「支店長の妻たち」「手形無惨」（いずれも小社より出版）「大山巖」（PHP研究所）「児玉源太郎」（学習研究社）等多数ある。


〈写真撮影〉

本名　塩塚邦夫（しおづか　くにお）

1933年生まれ。国際写真家。

写真集「仙境黄山　絶景桂行」で中国より中国のプロ写真家の称号授与される。安徽省テレビ局の「中国に貢献した偉大な人物紹介番組」に出演。全世界に衛星放送される。

日本の中国写真家の第一人者。

声に出して活かしたい論語70

平成18年9月25日　第1刷発行
令和4年11月1日　第21刷発行

編者　三《み》戸《と》岡《おか》道《みち》夫《お》
発行者　石澤三郎
発行所　株式会社　栄光出版社
郵便番号　一四〇—〇〇〇二
東京都品川区東品川一—三七—五
電話　(〇三)三四七一—一二三五
FAX　(〇三)三四七一—一二三七

検印省略

印刷　モリモト印刷㈱

ISBN 978-4-7541-0084-1